Paul

Cordula Tollmien

Kleine Schulgeschichten

Mit Bildern von Stephan Baumann

arsEdition

Bibliografische Information Der Deutschen Bibliothek

Die Deutsche Bibliothek verzeichnet diese Publikation in der Deutschen Nationalbibliografie; detaillierte bibliografische Daten sind im Internet über http://dnb.ddb.de abrufbar.

14 13 12 11 10 09 08 07 06

Text: Cordula Tollmien
Titelbild und Innenillustrationen: Stephan Baumann
Titel- und Rückseitenvignetten: Betina Gotzen-Beek
ISBN-13: 978-3-7607-1576-6
ISBN-10: 3-7607-1576-1

www.arsedition.de

Inhalt

Känguru Rätselspaß

Wenn du alle Geschichten gelesen hast, kannst du am Schluss des Buches ein tolles Rätsel lösen!

Wer sitzt neben Julia?

„Das ist Julia“,
sagt die Lehrerin.
„Sie kommt neu
in unsere Klasse.“

Julia nickt und
schwenkt eine große Tüte.
„Ich habe jedem
etwas mitgebracht“,
ruft sie.
Alle klatschen und schreien.

Die Lehrerin ruft:
„Nicht jetzt.
Jetzt haben wir Unterricht.
Die Süßigkeiten kannst du
in der Pause verteilen.

Wer will neben Julia sitzen?“
Wieder schreien alle: „Ich!“
Nur Tom sagt nichts.

„Wo willst du sitzen, Julia?“,
fragt die Lehrerin.
„Dahinten“, antwortet Julia.
Sie zeigt auf Tom.

„Kennt ihr euch?“,
fragt die Lehrerin erstaunt.
„Nein“, antwortet Julia.
„Na gut“, sagt die Lehrerin.
„Der Platz neben Tom
ist noch frei.
Da muss ich
niemanden umsetzen.“

In der Pause verteilt Julia
ihre Süßigkeiten.
Alle stehen um sie herum.
Nur Tom nicht.
Julia geht zu ihm.

„Was ist los?", fragt sie.
„Nichts", antwortet Tom.
„Warum wolltest du nicht
neben mir sitzen?",
fragt Julia weiter.
„Wollte ich doch",
sagt Tom.
„Stimmt nicht", sagt Julia.

Tom denkt nach und sagt:
„Ich fand es blöd,
dass die anderen
so geschrien haben.
Nur wegen der Süßigkeiten."

Jetzt denkt Julia nach.
„Ich hab das nur gemacht,
weil ich Angst hatte“,
erklärt sie.
„Wovor?“, fragt Tom.
„Dass mich niemand mag.
Weil ich doch keinen kenne“,
antwortet Julia.

Daran hat Tom nicht gedacht.
Aber das kann er verstehen.
Eigentlich ist Julia sehr nett.
Auch ohne Süßigkeiten.
Das sagt er ihr.

Julia lacht ihn an und fragt:
„Willst du trotzdem welche?“
Sie hält ihm die Tüte hin.
Tom lacht zurück.
Dann greift er
tief in die Tüte.

Darf Timmi bleiben?

Mitten in der Rechenstunde
kratzt es plötzlich
an der Tür.
Die Kinder lachen.

„Ruhe!“, sagt Frau Richter.
Sie stellt die nächste Aufgabe.
Aber niemand rechnet.
Alle starren zur Tür.

„Was habt ihr bloß?“,
fragt Frau Richter.
„Hören Sie das denn nicht?“,
fragt Malina.
Frau Richter muss
wirklich schlecht hören.

Jetzt winselt es.
Das hört auch Frau Richter.
„Ist das einer von euch?“,
fragt sie streng.
Alle schütteln den Kopf.

„Das kommt von draußen“,
sagt Lars.
„Dann geht es uns nichts an.
Wir rechnen weiter“,
antwortet Frau Richter.

Doch das Winseln wird
immer lauter.
Da endlich öffnet
Frau Richter die Tür.

Ein kleiner Hund saust herein.
Er läuft ganz nach hinten
zu Franziska
und springt ihr laut bellend
auf den Schoß.

„Ist das dein Hund?“,
fragt Frau Richter.
Franziska nickt
und strahlt dabei.
Deshalb guckt Frau Richter
nicht mehr ganz so streng.
„Wie heißt er denn?“, fragt sie.
„Timmi. Er hat mich gesucht“,
antwortet Franziska leise.
Dabei strahlt sie noch mehr.

„Ach bitte!
Darf Timmi bleiben?
Nur heute! Bitte!“,
betteln alle.

„Ein Hund gehört
nicht in die Schule“,
sagt Frau Richter.

Aber Timmi guckt so lieb
und Franziska auch.
Da sagt Frau Richter:
„Aber wirklich nur heute!“

Dann dürfen alle Kinder
Timmi streicheln.
Aber nur einmal.

Danach muss sich Timmi
unter Franziskas Stuhl legen.
Die Kinder dürfen nicht
zu ihm hinsehen.
Sie müssen aufpassen.

Frau Richter erzählt ihnen
etwas über Hunde.
Wie sie leben und
was sie fressen.
Und dass sie früher Wölfe waren.

Denn schließlich sollen
die Kinder etwas lernen.
Zum Glück ist bald Pause.

Zum Beispiel Kaugummi

Der Hausmeister
heißt Herr Franz.
Meistens ist Herr Franz
sehr nett zu den Kindern.

Aber es gibt ein paar Dinge,
die er überhaupt
nicht leiden kann.
Zum Beispiel Kaugummi.

Er sagt immer:
„Solange ihr das Zeug
im Mund habt,
ist mir das egal.
Aber wehe,
ihr spuckt es auf den Hof
oder klebt es unter die Tische.
Dann könnt ihr was erleben.“

Ernesto weiß das.
Aber er klebt seinen Kaugummi
trotzdem auf die Treppe.
Er will Herrn Franz ärgern.

Kurz danach kommt Herr Franz.
Als er auf den Kaugummi tritt,
macht es laut „plob“.

Herr Franz bleibt stehen.
Er zieht seinen Schuh aus
und guckt darunter.
Dann brüllt er:
„Alle mal herkommen!
Wer war das?“

Ernesto steht ganz hinten.
Aber das nützt nichts.
Herr Franz muss
gar nicht weiter fragen.
Er winkt Ernesto zu sich.

Dann zeigt er
auf seinen Schuh und sagt:
„Sauber machen!“
„Womit?“,
fragt Ernesto kläglich.

Jan gibt ihm ein Stück Papier.
Aber damit geht es nicht.
Das Papier bleibt
am Kaugummi kleben.

Da zieht Herr Franz
seinen Schuh wieder an.
Er holt einen Spachtel.
Damit geht es viel besser.
Ernesto macht
auch die Stufe sauber.

Doch Herr Franz ist
noch nicht zufrieden.

Er geht zu
Ernestos Lehrerin.
Sie gibt Ernesto
eine Stunde frei.

Zusammen mit Herrn Franz
muss Ernesto den Schulhof
nach Kaugummi absuchen.

Das ist vielleicht eklig.
Überall klebt welcher.
Ernesto kratzt und schabt.
Seine Hände tun ihm weh
vom vielen Kratzen und Schaben.

Jetzt weiß Ernesto,
warum Herr Franz
Kaugummi nicht leiden kann.
Und das sagt er ihm auch.
Da lacht Herr Franz.

Darüber ist Ernesto sehr froh.
Denn eigentlich kann er
Herrn Franz gut leiden.

Wenn er mal wieder Lust hat
ihn ein bisschen zu ärgern,
wird er sich irgendetwas
anderes ausdenken.
Jedenfalls bestimmt
nichts mit Kaugummi.

Der zweite Bademeister

„Ich habe bestimmt Fieber“,
sagt Julian.
Mama legt ihm die Hand
auf die Stirn und sagt:
„Nein, hast du nicht.“

„Aber Bauchschmerzen“,
sagt Julian.
Mama sieht ihn an und fragt:
„Was ist los, Julian?
Willst du nicht in die Schule?
Ihr habt doch heute Schwimmen.
Das ist doch toll.“

„Von wegen“, denkt Julian.
Aber er sagt nichts.

Julian hat Angst vorm Wasser.
Beim Umziehen trödelt er.
Unter der Dusche bleibt er
so lange wie möglich.

Alle sind schon im Wasser.
Nur Julian noch nicht.
Die anderen toben und spritzen.
Am liebsten
würde Julian abhauen.

Da kommt der Bademeister
zu Julian und fragt:
„Kannst du mir helfen?
Das Becken für Kinder muss
durch eine Leine
vom tiefen Becken getrennt sein.

Ich habe vergessen
sie zu spannen.
Sie muss aber
unbedingt da sein.
Damit ihr alle wisst,
wo es tief wird.

Könntest du das für mich tun?
Dann brauche ich
nicht selbst ins Wasser.“

„Kann ich das denn?“,
fragt Julian ängstlich.

Der Bademeister antwortet:
„Aber klar!
Das ist ganz einfach.
Du gehst ins Wasser.
Dann gebe ich dir die Leine.

Damit läufst du
zur anderen Seite.
Dort gibt es einen Haken.
Da hakst du die Leine ein.
Das ist alles.“

Julian hat Angst.
Da muss er ja ins Wasser!
Aber der Bademeister ist
so freundlich.
Da mag er nicht nein sagen.

Also geht Julian los.
Schon auf der Treppe
spritzen ihn die anderen nass.

Doch da ruft der Bademeister:
„Lasst ihn in Ruhe!
Er ist heute
der zweite Bademeister.“
Da traut sich keiner mehr.

Julian nimmt die Leine
und geht durch das Becken.
Drüben hakt er sie ein.
Das war wirklich ganz leicht.
Und Angst hat er
auch keine gehabt.

„Zweiter Bademeister“,
hat der Bademeister gesagt.
Das klingt gut.

Ob Julian vielleicht doch
versuchen sollte
schwimmen zu lernen?
Dann könnte er später
Bademeister werden.

Känguru Rätselspaß

1. Was bringt Julia an ihrem ersten Tag in der neuen Klasse mit?

(T) Süßigkeiten für alle

(B) Ihre Meerschweinchen

2. Wer stört den Mathematikunterricht von Frau Richter?

(A) Der Direktor, der mit einem Schüler reden möchte.

(I) Franziskas Hund, der sie überall gesucht hat.

3. Warum mag der Hausmeister Franz kein Kaugummi?

(E) Weil die Schüler es überall hinkleben und er es wegmachen muss.

(G) Weil er Kaugummi eklig findet und ihm schlecht davon wird.

4. Wie heißt der Hund von Franziska?

(R) Timmi

(S) Struppi

5. Warum möchte Julian heute auf keinen Fall zur Schule gehen?

(L) Weil er ein schweres Diktat schreiben muss und nicht geübt hat.

(E) Weil heute Schwimmunterricht ist und er Angst vor Wasser hat.

Eine kleine Lösungshilfe:
Was gibt es in der Schule selten ...?

Trage hier das Lösungswort ein:

T	i	e	r	e
1.	2.	3.	4.	5.

Känguru Lesespaß